Mon identité,
ma culture

Mon identité, ma culture

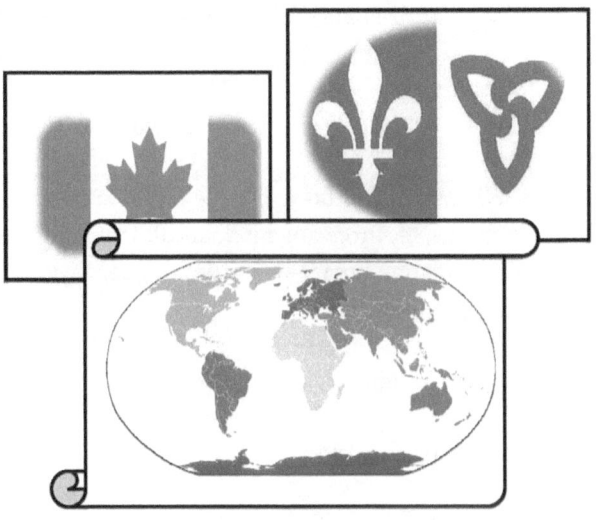

Pavillon de la Jeunesse
La classe de 4e et 5e année
2013-2014

Liliane Masengo Mwamba Kabamba, EAO

To order additional copies of this book, contact:
Xlibris LLC
1-888-795-4274
www.Xlibris.com
Orders@Xlibris.com
603669

École élémentaire
Pavillon de la jeunesse

Contents

École élémentaire
Pavillon de la jeunesse

École élémentaire
Pavillon de la jeunesse

Le mot de la Direction

L'atteinte de l'objectif de Mme Liliane Masengo de faire vivre la pédagogie culturelle plutôt que de l'expliquer à ses élèves en 4ᵉ et en 5ᵉ dans la planification, la rédaction et la publication de *Mon identité, ma culture* en est remarquable. Grâce à son engagement à la promotion de la langue française, nous avons un témoignage émouvant du lien entre l'acquisition des savoirs et la construction identitaire dans la réussite scolaire de l'élève. Cet outil nous rappelle la valeur ajoutée à la magnifique diversité qui est si bien représentée dans notre communauté scolaire de l'école élémentaire Pavillon de la jeunesse à Hamilton, Ontario. Je remercie sincèrement chaque élève et chaque membre du personnel de leur partage intime, qui nous fait à la fois rire, réfléchir, apprécier, découvrir, pleurer. Soyons fiers de notre histoire et préservons notre patrimoine.

Gabriel Drouin

École élémentaire
Pavillon de la jeunesse

Le mot de l'Auteure

<< Si tous les enseignants et enseignantes s'acharnent à consolider un groupe classe durant l'année scolaire, nous allons tous arriver à générer un environnement favorable à la construction des savoirs et à la construction identitaire>>

Liliane Masengo Mwamba Kabamba, EAO

La dédicace

Je dédie ce livre à tous les immigrants, les expatriés.

À tous ceux qui sont touchés de près ou de loin par le phénomène d'acculturation et d'assimilation.

À mes enfants qui sont à la fois africains, européens, canadiens, franco-ontariens et qui m'inspirent tous les jours.

À mes élèves parce qu'ils sont uniques par leur diversité culturelle et qui sont des exemples vivants de la construction identitaire. Merci de rendre ce projet réel.

À mes collègues qui ont apporté leur contribution à cette œuvre.

À John Marin Tamayo, Professeur à l'Université laurentienne, pour être un modèle accessible, un mentor et auprès de qui j'ai travaillé comme Chargée du Cours d'Animation culturelle et leadership.

À Diane Lataille Demorée, Professeure à l'Université laurentienne pour avoir été un modèle accessible, pour son mentorat, pour avoir cru en moi et auprès de qui j'ai œuvré comme Assistante au cours de Micro-enseignement et d'Intervention pédagogique.

À Yvon Gauthier, Professeur à l'Université laurentienne, pour son inspiration.

À Gabriel Drouin, Directeur de Pavillon de la jeunesse pour son support et sa contribution dans la publication de ce recueil.

À Imagine Action pour avoir donné un premier financement pour la réalisation de ce projet.

Un Grand merci du fond du cœur pour votre contribution.

École élémentaire
Pavillon de la jeunesse

LA RÉUSSITE SCOLAIRE : 2 VOLETS

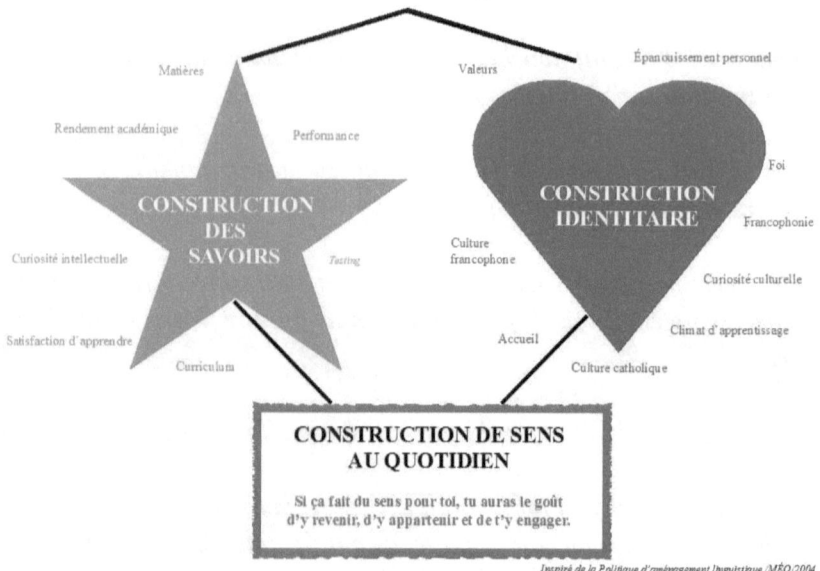

Matières

Rendement académique   Performance

Épanouissement personnel

Valeurs

CONSTRUCTION DES SAVOIRS

CONSTRUCTION IDENTITAIRE

Foi

Francophonie

Curiosité intellectuelle   *Testing*

Culture francophone

Curiosité culturelle

Satisfaction d'apprendre

Accueil

Climat d'apprentissage

Curriculum

Culture catholique

CONSTRUCTION DE SENS AU QUOTIDIEN

Si ça fait du sens pour toi, tu auras le goût d'y revenir, d'y appartenir et de t'y engager.

Inspiré de la Politique d'aménagement linguistique /MÉO/2004

École élémentaire
Pavillon de la jeunesse

1e partie Dire-Se dire-Oser dire

<<La connaissance de soi et des autres est le point départ dans la quête d'identité puisqu'on se distingue par les relations qu'on entretient avec les autres ; on précise ce que l'on a en commun ou ce qui nous différencie des gens qui nous entourent>>

Pédagogie culturelle/construction identitaire/Paiement2008

École élémentaire
Pavillon de la jeunesse

L'Afrique, c'est mon continent

Mon continent l'Afrique,
Il y a plein de moustiques
Mon continent l'Afrique,
C'est la vie de musique

En Afrique, il y a plein d'eaux
Et aussi de beaux ruisseaux
En Afrique, il y a beaucoup
d'animaux.
En plus, ils sont tous beaux!
L`Afrique est une très belle fleur,
Et aura toujours un grand cœur
L'Afrique n'aura jamais le malheur,
Mais l`Afrique aura toujours un grand
bonheur.

De belles flûtes
Et de belles chutes
En Afrique tu ne portes pas de tuques,
Mais on porte souvent des jupes.

Dorcas Puna, 4ᵉ année

Le poème sur l'Iran

L'Iran n'a pas beaucoup de gazons
Les voitures ont de la rouille et cela me fait de la peine.
La monnaie est forte,
Mais la population d'êtres vivants est plus forte.
Les fleurs sont multicolores.
Les cactus piquent, mais les moustiques piquent en plein pique-nique.
Les belles femmes d'Iran portent des hijabs.
Je suis ici, mais mon cœur est là—bas.

Kevin Sogoli, 4ᵉ année

En Namibie

il y a
l'arbre
Acacia.

En Namibie,
il y a
des femmes
musulmanes.

En Namibie,
il y a
la saison
chaude et froide.

En Namibie,
il y a
beaucoup
d'animaux.
J'ai quitté
Namibie
à l'âge
de 5 ans.

Gemima Mukendi 4ᵉ année

L'Algérie mon amour

Mon pays l'Algérie.

J'aime mon pays.

C'est comme si j'ai beaucoup de cœurs.

Si tu l'aimes merci.

Mon pays l'Algérie.

Mon gros beau chéri.

Avec les parents comme des fleurs.

Les enfants comme de l'argent

Tous les amis faits des paradis.

L'Algérie c'est ma vie

La nourriture c'est comme du feu

L'Algérie est comme une belle plage avec des paradis.

Merci de lire ce poème.

Rayene Dib 4ᵉ année

École élémentaire
Pavillon de la jeunesse

Le Tchad

Tchad est un beau pays
Le soleil brille
Beaucoup de familles
Beaucoup d'étoiles

Quel beau pays !
Pas de flocons
Mais des papillons
De beaux animaux

Quel beau pays !
La nature est fraîche
Beaucoup de vaches
De belles suites

Quel beau pays !
Beaucoup d' arbres
Beaucoup d' ombres
Pas de sapins

Quel beau pays !
Beaucoup de classes
Beaucoup de places
On dirait une forme de papillon

Quel beau pays !
Des grands-mères
Et des grands-pères
C`est vraiment beau

École élémentaire
Pavillon de la jeunesse

Quel beau pays !
Des frères et des sœurs
De tout mon cœur

Fatima Youssouf 4ᵉ année

Haïti

L'Haïti c'est mon pays préféré
dans ma vie.
L'Haïti chéri va toujours vivre dans mon cœur.
Haïti, tu vas toujours être ici.
Ton drapeau va toujours **être plus haut et beau comme neuf**
Haïti c'est fantastique.
Et il y a beaucoup de moustiques
Haïti c'est fantastique.
Les enfants d'Haïti ont toujours le sourire.

OLIVIER AUGUSTIN LENRY

4ᴱ ANNÉE

École élémentaire
Pavillon de la jeunesse

Australie

Australie
C'est toute folie
Comme les fruits
C'est la vie.

Comme les kangourous
Ils sont tous fous
Ils n'ont pas des tout- tout
Mais ils ont un drapeau

Qui est très beau
Avec des étoiles
C'est leur drapeau

Ils ont des religions.
Autochtones
En automne
Mais il y a des tonnes de koalas.

Hannah Crealock, 5ᵉ année

Tchad

J'aime mon pays
Je suis chanceux
Je suis heureux
Pour mon pays
La beauté de la nature
La bonté de la nourriture
Les piqûres de moustiques
Les souliers faits en peau de serpent.
Les chats dans la nuit s'approchent des maisons pour chercher des vivres.
La chaleur chauffe les rivières et fait naître les bestioles qui font partie de notre vie.
La crème glacée fond en très peu de temps.
Les filles se gardent avec le hijab.
La douche pour les filles en forme de cave forme des polygones de toutes sortes.
La douche pour les hommes en forme rectangulaire.
La joie dans l'âme et le soccer au rendez-vous
C'est le Tchad.

Écrit par Madame Liliane avec les idées d'Ibrahim 5e année

École élémentaire
Pavillon de la jeunesse

Sudbury

Bienvenu à Sudbury la ville!
Avec beaucoup de nival.
Les plus grosses mines dans Ontario.
Avec les roches très très grosses.

Dans Sudbury, il y a beaucoup
de choses que j`aime le plus.
Il y a science nord
Et le grand Nikel d'accord.

Il y a une grande population francophone, avec une bonne communication
Pour ma famille et moi,
Sais- tu pourquoi?

J'entends les francophones chanter.
Puis, j'ai vu les francophones danser.
Je goûte le bon ragoût.
Dans le matin, je sens les crêpes et mange—tout.

David Bertrand 5ᵉ année

École élémentaire
Pavillon de la jeunesse

Les Pays-Bas

Les tulipes dans les champs sont si belles
Comme un arc-en-ciel
Quand on chante
Ensemble en Hollande

Les enfants petits et grands
Chantent
Comme mille
Oiseaux du Nil

Rouge bleu et blanc
Sont les couleurs des enfants
Toutes les familles sont gentilles
Comme des papillons

Maintenant,
Toutes les familles
Chantent aussi

Avec moi et mes amis. Charlotte Piper, 4ᵉ année

Mon pays le Tchad

Tchad on mange du foufou.
La femme porte le boubou.
Dans la forêt, il y a beaucoup d'animaux.
Au Tchad, il y a des jeux de soccer et de basketball.
La fête du Tchad est l'Aid.
On a beaucoup d'instruments.
Comme danger, il y a la guerre parce qu'on tire de partout et cela peut te toucher.
Tchad le pays de mon grand-père.

Taha Saleh 4ᵉ année

La Serbie

En Serbie il y a
Beaucoup de prairies là-bas
Les papillons
Font des tourbillons
Puis c`est vraiment beau

Pourtant ce n`est pas
Le beau Canada
Je suis encore fière
De mon père
De venir de là-bas

J`aime mon pays
D`origine? Mais oui
C`est encore dans mon corps
Ça veut dire dans mon cœur
Merci
Je dis
À toi
Pourquoi?
Car tu Viens de lire ça!

Petronella Piper 4ᵉ année

École élémentaire
Pavillon de la jeunesse

Vive l'Afrique!

L'Afrique est un
très grand continent
Avec beaucoup de sables et de la terre
Et beaucoup d'animaux dangereux

Les animaux sont beaux comme ma vie
Et la nourriture qui brûle comme de la lave
Mais le pain coûte cher.
Vive l'Afrique

Ruben Kalonji, 4ᵉ année

La République démocratique du Congo

École élémentaire
Pavillon de la jeunesse

La République démocratique du Congo

Mon pays est beau comme la fille de mes rêves.
À chaque fois que je marque un but, je pense à toi mon beau pays,
Car tu es élégant comme la fille de mes rêves.
Même si elle est pauvre, sa richesse du cœur est grandiose

Ryan Tshiyoyo 5e année

Aux Pays-Bas

Au pays bas il y a

Des choses intéressantes
De gros fromages
Avec des âges
Vraiment intéressant

Il y a des chaussures
Faites en bois
Il y a des cultures

Tu veux savoir, c'est quoi?
C'est Saint-Nicolas!!!

On met nos chaussures
Que l'on porte
À côté du mur
Avec des carottes
Puis Saint-Nicolas vient!!!

Il met des initiales
C'est fait en chocolat!!
C'est vraiment spécial
On mange nos chocolats
Mumm! C'est bon!!

Il y a du Marsapan
Et des biscuits
C'est bon man!!!
Oh! Et les biscuits sont bien cuits!!
J'aime ce festival!!

École élémentaire
Pavillon de la jeunesse

Les montagnes
Sont arc-en-ciel
C'est comme des beignes
Avec du miel
J`aime les couleurs!!!

Petronella Piper 4e année

École élémentaire
Pavillon de la jeunesse

Ouganda

C'est toujours l'été et
On aime chanter.
Bien sûr on a des habits
Et les gens rient.
Il y a des animaux
Beaucoup de chevaux
Et des chameaux
Les petits animaux comme
les oiseaux.
Il y a des familles
Qui sont amies
Les familles aiment rire
Ça c'est mon souvenir
On mange du riz
Et parfois des cerises
Ça c'est mon pays

Au revoir et merci. Peace Umutoni, 4e année

École élémentaire
Pavillon de la jeunesse

Le Liban

Je viens du Liban
Je l'aime bien bon
Il y a des maisons
De la civilisation

J'ai survécu à la guerre
En partant en mer.

Au Liban,
Il y a des bonbons
Ils sont très bons
Parce qu'ils viennent du Liban.

Ahmad 5ᵉ année

École élémentaire
Pavillon de la jeunesse

Ile Maurice

Île Maurice est un beau pays.
Le soleil toujours brille
et les gens sourient.
C'est une place où les gens mangent du curry.

Il y a une belle plage
où beaucoup des gens nagent.
C'est à l'ouest de l'océan indien.
En plus, dans l'océan il y a des requins.

Des fois, les gens parlent anglais,
créole, mais surtout français.
Les femmes adorent les bijoux
et il y a des arbres partout.

La nourriture goûte bon.
Dans le curry indien, il y a des piments dedans.

Jaslyn Barton 4ᵉ année

La Lybie

J'aime ma région la Libye
Quand je marche sur les collines
Je vois des papillons et c'est magnifique
C'est comme le Canada, mais plus de plaisir

C'est beau
Mais maintenant c'est la catastrophe
J'aime la Libye
La nature est brillante

On peut nager
Mais avant ça on doit se baigner
J'aime la Libye
Plus que tout et pour toujours

Libye c'est un mot magique
C'est aussi vraiment magnifique
J'ai de la chance
Alors je dis merci à la vie

Eaitha Nakour 5e année

La Somalie

La Somalie est un pays magnifique
Situé à la corne de l'Afrique
C'est un pays désertique
Et poète
Par ses conteurs
Tu respires du bon air
Quand tu es à la mer
Il y a des animaux
Comme le chameau
Le mouton
Et le lion.

Mandeq Malika-Ibrahim

5ᵉ année

Cher Haïti

J'aime ton maïs et tes fruits.
Et tes habits multicolores.
L'eau de ta plage est très bleue.
Tes bleuets sont magiques.
Tes arcs-en-ciel sont très beaux.

Marlon Bonnelus

4ᵉ année

École élémentaire
Pavillon de la jeunesse

Sri Lanka

Mon pays a une plage
Où les personnes nagent.
C'est vraiment beau,
mais vraiment chaud.

Sri Lanka est un pays
où les personnes s'amusent
et sourient.

La nourriture goûte comme du feu
et le ciel est tout bleu.
J'aime mon pays parce qu'il y a des gâteries, mais
il y a beaucoup de raisons que j'aime mon pays.

Sri Lanka a des éléphants et d'autres animaux comme des poissons.
Ce pays est dans mon sang et je suis fière de ça.

Princess Bimbara, 4ᵉ année

L'Arabie Saoudite

Mon pays d'origine
L'Arabie saoudite et
Je suis fier parce que
C'est où ma religion
le islamique est né.

L'Arabie Saoudite
est une place où
tu vois la paix
Partout.

Dans l'Arabie Saoudite on
suit et on respecte les
règles de notre religion
le islamique.

J'aime l'Arabie Saoudite
Parce qu'on a 2 célébrations
Qui s'appellent Eid et parce qu'
on est respectueux.

Yasir 6ᵉ année

Mon poème Tchad

J'inventerais des mots, même s'il le faut
Car ceux de mon cerveau ne sont plus à la hauteur
Voici mon pays, les dictons de la langue de mon cœur
Tu es mon moteur, mon inspiration, oh ma patrie !
Tu es l'air de mes poumons, vivre sans toi c'est l'oppression
Mon Tchad, crois-moi.

Ma patrie, je ne veux pas que tu te détruises.
Je ne pourrais te dire bye.
Ma patrie, je ne veux pas que tu te détruises.
Mes erreurs je les brûle sur la paille.

Qui remplit ma tête de mille couleurs même quand le ciel est gris.
Mon Tchad, je t'aime c'est ma plume qui l'écrit.
Mon pays de tomai, je t'aime et c'est mon cœur qui te le dit.

Taha Haggar et Papa

École élémentaire
Pavillon de la jeunesse

Ma Colombie

La Colombie est mon pays d'origine.
Elle est comme une fleur.
Colombie est le pays de mon père.
On a des Empanadas.
Mais on n'a pas de verglas.

La Colombie est ma vie jour et nuit.
En Colombie, on mange du riz.
Quand on pleure, il pleut.

Makenna Ramirez 4e année

École élémentaire
Pavillon de la jeunesse

L'Angola

Je suis de l'Angola.
Angola est un pays riche
En diamant, pétrole et café

Angola est magnifique
Et aussi fantastique
On parle le Portugais

Il fait très chaud
pas comme ici en Ontario
Je suis fière
d'être venue de mon pays

Acacia Gombo 5ᵉ année

École élémentaire
Pavillon de la jeunesse

La République démocratique du Congo

Quand j'imagine le Congo
Je vois que c'est beau
Comme si c'est nouveau
Et le drapeau est beau

Quand j'imagine le Congo
Je vois les arbres
Qui sont libres
Comme un livre

Quand j'imagine le Congo
Je vois le soleil qui est chaud
Comme du chocolat chaud
Ou du thé chaud
Quand j'imagine le Congo
Je vois les animaux
Qui sont tout haut

Solange Sendegeya 5ᵉ année

École élémentaire
Pavillon de la jeunesse

La Guinée

Mon nom est Aicha.
Mon pays d'origine est la Guinée.
Sa capitale est Conakry.
Sa superficie est de 245.857 km^2.
Ho Guinée réveille- toi !
Terre riche
Terre bénie d'Allah.
Scandale géographique
Pays hospitalier.
Mon beau pays
Je t'aime encore et encore

Aicha 6e année

École élémentaire
Pavillon de la jeunesse

Ghana

Ghana, c'est beau comme des papillons
Ghana a beaucoup d'animaux
Ghana, c'est chaud pas comme Canada
Mais Canada est vraiment froid
Je ne vais jamais oublier Ghana
Ghana, il pleut beaucoup comme Canada
Ghana c'est beau ça me fait la paix dans ce pays
Quand je marche à l'école, je suis fière de mon pays
Je dis merci à ma mère d'être née dans ce pays
Quand je te regarde mon pays dans une image
Mon cœur brise
De l'amour, Ghana est un bon pays
Un jour, je vais aller au Ghana et je ne vais jamais oublier Ghana
Je suis fière de moi-même et je dis pour rester comme ça
Merci à Ghana

Angel Aboagye, 5ᵉ année

Mon pays Tchad

Que je n'ai jamais vécu
C'est une terre très affectueuse
Et une terre très agréable
C'est très beau comme de l'or

J'aime la nourriture, le foufou
Ce qui est beau et doux
Quand je le goûte, j'ai de la chance
L'habillement est le Lafay
C'est beau comme le diamant dans l'or
C'est un pays qui fait beaucoup
de folies dans la vie

Eaitha Nakour 5ᵉ année

2e partie : Modèle accessible-Médiateur culturel-Passeur culturel

Saisir toutes les occasions pour accompagner l'élève dans son cheminement culturel et diversifier les expériences d'apprentissage font partie de notre mission.

Le Congo mon pays

Congo le pays au Coltan rarissime
malgré ta situation gravissime,
nul ne peut ignorer tes richesses
Ton histoire berce mon enfance

Pays de mes aïeux
Jeune, je t'avais fait mes adieux
Mature, ton souvenir me hante
Car te retrouver pour me retrouver me tente

Ta chaleur me manque
Mais ton cadeau c'est ta musique
Congo le pays de ma grand- mère
Quand reverrai-je ma terre ?

Ici au loin, c'est la neige en abondance
Mais avec toi c'est la pluie en cadence
Tu es si loin, mais si proche
Car mes pensées s'agrippent à tes branches

Un jour, je te reverrai
Un jour, je te retrouverai
Pour t'embrasser ô ma terre
Comme une sœur.

Liliane Masengo Mwamba Kabamba, EAO

La France

Fuir les trottoirs citadins pour les chemins de campagne,

Randonnées dans les Flandres, entourées de coquelicots

Arrivée nez à nez avec une vache sur les sentiers corses,

Nourrissant mon enfance des recettes de mamie,

Chanter les airs de piaf, fredonner Brassens,

Expatriée, mais sans jamais oublier ses origines.

Madame Mathilde Danet

Enseignante

Quand on pense au Liban

Les voyages du passé
Reviennent dans mes pensées
Pays de nos ancêtres,
Où les montagnes sont remplies de cèdres.
Pays difficile de quitter
S'enrichi de toutes les diversités

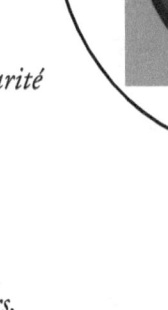

Que ça soit à Tir ou à Sidon
Les Phéniciens nous ont laissé un don
Le Liban retrouve à tout jamais
Sa force est entre nos mains
Comme un champ de blé brulé,
Il retrouve à chaque fois sa popularité

Quand je pense au Liban,
Le pays de mes parents.
Une lumière s'éclaire en moi,
Il est tout près de moi.
Dans mon cœur, il restera toujours,
Je sens son parfum dans tout ce qui m'entoure.

Quand je pense, on pense au Liban,
On prend toujours le temps.
De s'évader dans les souvenirs
Et même de repartir.
Ah ! Comme il fait bon,
De vivre au Liban !

Madame Sylvie Hannah
Enseignante

École élémentaire
Pavillon de la jeunesse

Neo-Brunswickoise

Néo-Brunswickoise, métis, descendance acadienne et première nation.
Peuple très près de la nature et de l'océan.
Nos soirées amusantes, musiques variées du tambour au violon.
Familiale ou entre amis chantons gaiement.
Notre calme vient des vagues de l'océan
Dans nos cœurs sont gravés, Évangeline la déportation.
Notre peuple survécut par la protection des premières Nations.
Le respect de notre passé, notre richesse au présent.
Nos plats traditionnels acadiens, notre poutine râpée.
À la première nation, la chaudrée au poisson.
Notre langue française restée vivante grâce à nos descendants.
Notre fierté, le mélange des racines fait de nous un peuple unique et accueillant.

Madame Celina, Aide—enseignante

Le Cameroun

Cameroun, berceau de nos ancêtres.

Ta forme triangulaire te confie une structure particulière.

Le dynamisme de tes 20 millions d'habitants te permet d'occuper une place de choix dans le continent africain.

Tes ressources forestières, minières et pétrolières qui sont cachées dans ton sous-sol sont les mêmes que l'on retrouve dans les autres sous-sols en Afrique.

Ne dit-on pas que ton agriculture nourrit toute la sous-région (Afrique-centrale)?

Tes 4 saisons bien équilibrées tout au long de l'année confère au Cameroun un climat où il fait beau vivre.

Les grandes langues africaines sont également présentes dans l'ensemble de ton triangle national?

Ne comptes-tu pas plus de 200 langues maternelles?

Ton bilinguisme national est un atout pour tous tes ressortissants.

Tes hautes terres à l'ouest, tes haut plateaux au sud,

Tes basses terres au Sud-ouest et au Nord

Tes grandes étendus de forêt à l'Est font de ton relief un magnifique paysage.

Ah! quelle diversité? Quelle Richesse? Quelle aventure?

Que te manque-t-il donc, cher beau pays le Cameroun, pour atteindre le plein développement?

Rostand Tonleu Tonfack, Enseignant

École élémentaire
Pavillon de la jeunesse

Ma Syrie

Ça fait très longtemps
Depuis qu'on s'est vu
Tu me manques tellement
C'est fou, C'est fou

C'est vrai que tous
Change dans la vie éventuellement
Et Dieu sait comment
Ma Syrie a changé énormément

Quand j'entends ton cri,
C'est toute mon âme qui frémit
O ma terre, mon pays
Je voudrais crier avec toi,
Et Mourir dans tes bras . . .
Je t'écris ces vers,
Comme le soldat s'en va en guerre

Lâche pas même si la plupart est contre toi
Tes enfants, te soldats et nous
Sommes là et c'est notre choix

Ça s'en vient la vraie liberté
Que la plupart ne voit pas
C'est triste mais ce n'est pas toi . . .

Ta beauté, ta pureté et ton peuple
Sont rares ces jours
Oui, la corruption et les mauvaises habitudes
Vont être là pour toujours
Mais ensemble et en paix
On peut tous changer
Ce qui nous garde en arrière
Ça, on essaye d'améliorer

Lâche pas ma Syrie, ne lâche pas
On va toujours t'aimer
Tu es parfaite avec tes imperfections
On appelle ça, la beauté

Rose Al Mayaleh, Monitrice de langue

École élémentaire
Pavillon de la jeunesse

O Maroc

Ô, Maroc!
À moi, à toi et aux autres
Longue, belle symphonie
Ne cessant de nous unifier.
Oh, Maroc! Terre au sourire éternel.
Je rêve toujours des dunes,
des arganiers rares et de la lune,
de la lumière et de l'horizon,
Quand le beau soleil,
à travers les palmiers,
lance ses lustres
Pour embrasser les oasis.
Je monte vers le nord
Pour me rafraîchir,
La méditerranée me porte
Au-delà des airs.
Les cieux qui te couvrent
Comme un voile en soie,
Chantent mille et une mélodies
De toutes les couleurs
Et de toutes les langues.
À toi, Ô Maroc,
J'offre mon amour et ma fierté.

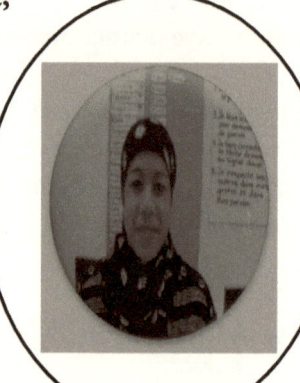

Par Majida Belahcen, Enseignante

Le Maroc

Mon pays natal le Maroc
Maroc pays de mes racines,
j'ai grandi et rêvé dans le cœur de tes collines,
Tu es un paradis sur terre. Plages aux couchers
de soleil, reliefs, oasis et dunes,

La richesse de ton histoire et la diversité
de tes cultures sont témoignées
dans les livres et à la vue des ruines,
Ton authenticité est dans l'aromate de tes épices
et les plats savoureux de ta cuisine.

Madame Fatna Ali,

Secrétaire

Burundi, mon pays

La nostalgie, ah! La nostalgie
Je me lève le matin, je me prépare, je suis fier de mon accomplissement.
Subitement, je me rends compte de l'ampleur de la tâche . . .
Ainsi, je me plonge dans mon rêve quasi quotidien
Les images défilent pèle mêle dans ma tête et naturellement la nostalgie
de mon pays m'envahie.
Burundi, un pays où il fait bon vivre
Un endroit où le bonheur d'habiter t'enivre
Un peuple souvent meurtri mais qui ne se laisse jamais abattre
Courageux, ce peuple, il tombe mais se relève aussitôt avec un sourire
gravé à jamais sur ses lèvres
Parler de ce pays m'amène toujours des larmes aux yeux
Cependant, ce magnifique pays regorge de beaucoup d'atouts
Rien qu'à se rappeler de son féerique paysage, mon torse se bombe et
les picotements envahissent tout mon être
Indescriptible est le vocable qui convient pour ce petit pays d'Afrique
centrale et,
Le courage de continuer à te portraiturer me manque . . . Je t'aime
bien!!!

Ernest Dabahagamye

Enseignant

Mon Pays, mon Algérie

Mon pays mon Algérie
Point de mire de tous pays
Passerelle entre l'Europe et l'Algérie
Regorgeant tant de richesses
Que convoitent de nombreux rapaces
Depuis plusieurs façades
Envahit par différentes races
Tu as su leur faire face
Grâce à ton audace

Mon pays, mon Algérie
Corniche de l'Afrique
Éblouit par la mère azure
Qui longe de milliers de mètres
Pleins de poètes ont écrit
De magnifiques récits
Sur la beauté de mon pays

Mon pays, mon Algérie
Tu offres d'Est en Ouest
Un paysage pittoresque
Porte ouverte sur le Sahara
Tu fais rêver bien des touristes
Pour tes immenses étendues de sable
Qui tangue de gauche à droite
Pour ressortir la couleur ocre de tes merveilles

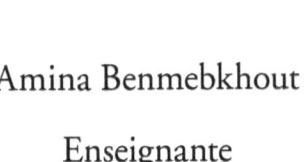

Amina Benmebkhout

Enseignante

École élémentaire
Pavillon de la jeunesse

Le Togo

Je veux vous présenter un beau pays.
C'est un petit pays, mais une grande nation
C'est un pays par sa beauté
Un joli pays par ses forêts, monts, sites enchanteurs,
Un joli pays par ses fleuves majestueux,
Un joli pays par ses torrents prestigieux,
Un beau pays par son sol merveilleux

Un jour tu viendras chez moi, tu verras que c'est bien charmant.
Un jour tu viendras chez moi, tu te sentiras chez toi comme dans les bras d'une maman.
Un jour tu viendras chez moi, tu verras c'est l'amour la joie de vivre
Un jour tu viendras chez moi, tu verras c'est l'or de l'humanité.
Ce beau pays c'est le Togo

Monsieur Messan

Enseignant

École élémentaire
Pavillon de la jeunesse

3ᵉ partie : La construction identitaire

Appropriation des référents culturels canadiens et franco-ontariens.

Exposer l'élève aux référents culturels canadiens ainsi que franco-ontariens donne à l'élève des repères culturels et rend l'élève agent actif du processus dynamique d'appropriation de la culture.

École élémentaire
Pavillon de la jeunesse

Mon regard sur la terre d'accueil

Ô

Canada, terre d'accueil
Pays des écureuils et des chevreuils
Ô Canada, pays aux facettes multicolores
Et au langage bicolore

L'immensité de ta terre
Se révèle par la
grandeur de ton cœur
Ô Canada, pays de l'orignal
Tu es si original

Tes montagnes rocheuses
Solidifient ta nation lumineuse
Ô Canada, pays du Castor
Nul ne peut te faire du tort

La force de tes chutes
Témoigne de ta lutte
Car tu rêvais l'honneur
Et la lueur

Ô Canada, terre d'accueil
Ton bilinguisme à lui seul
Témoigne de l'existence
Des Franco-ontariens et des anglophones

École élémentaire
Pavillon de la jeunesse

Ontario, tes emblèmes floraux
Le lys, le trille
Vert et blanc nos couleurs
Franco-ontarien notre saveur.

Liliane Masengo Mwamba Kabamba, EAO

Enseignante

École élémentaire
Pavillon de la jeunesse

Mon pays est haut en couleur

Mon pays est haut en couleur
avec ses quatre saisons
Et son peuple d'ailleurs
En chantant et dansant.

L'hiver si blanc
Je m'assois sur un banc
Comme un tableau d'antan
Qui raconte le vieux temps

La feuille d'érable

Le printemps arrive
Avec ses couleurs vives
Les oiseaux à la bordure rivent
La pluie arrive.

Enfin le soleil
Et ses merveilles
Les jardins qui fleurissent
Les gens chez les fleuristes
Qui sortent avec des bouquets de fleurs

Le vent se lève
C'est l'automne
Et ses couleurs de rêve
Qui illuminent les forêts

Mandeq Malika Hibrahim 5ᵉ année

École élémentaire
Pavillon de la jeunesse

Canada, je t'aime

Je t`aime Canada
C`est bon que tu sois là
Tu m`as surpris
Dans la vie donc merci!

Franco-ontarien
C`est pour les Ontariens
Canada tu es là
Pour moi!!

Anglophone
C`est pour les personnes
Qui parlent anglais
Même si tu n'étais
Pas anglais

Petronella Piper 4ᵉ année

Le Canada a des richesses

Le Canada me fait plaisir
Et me fait aussi rire.
On a des richesses
Comme les animaux
Comme les oiseaux
Et des corbeaux
À Sudbury où vit mon grand-père
Il y a des minéraux
Qui sont très beaux
Et qui font briller les sudburois
Comme les diamants
Le Canada est une belle place
Il a des belles races
Et de la paix.

Hannah Crealock 5ᵉ année

Mon beau Canada

Mon beau Canada
Tu es toujours là pour moi,
Mais à la guerre tu as perdu deux fois.

Mon beau Canada
Tu as de beaux arbres,
Mais les hivers sont très, très froids.

Mon beau Canada
Tu as des beaux orignaux,
Mais je veux plus d'attractions originales.

Mon beau Canada
Tu respectes les autres,
Mais le monde n'est pas aussi gentil que toi.

Charlotte Piper 4ᵉ année

Mon pays, le Canada

Au Canada,
Il y a,
Des arbres,
Des érables.

Au Canada,
Il y a,
Beaucoup,
Des sports d'hiver.

Au Canada,
Il y a,
Beaucoup de lac.
Au Canada,
Il y a,
Beaucoup,
Des sirops d 'érables.

Au Canada,
Il y a,
Beaucoup,
Des personnes,
De diverses origines

Au Canada,
Il y a,
Beaucoup,
De jolies fleurs et des jolis arbres.
Au Canada,
Il y a deux langues officielles : le français et l'anglais.

Au Canada,
Il y a,
10 provinces et 3 territoires : Ontario, Alberta, Nouvelle-Écosse,
Manitoba, Territoires du Nord-Ouest, Île-du-Prince-Édouard . . .
Canada mon beau pays!

Gemima Mukendi 4ᵉ année

École élémentaire
Pavillon de la jeunesse

Canada, pays du Castor

Canada mon pays
Nous sommes une famille.
C`est un beau pays qui brille.

Il y a des animaux qui sont beaux
Et il y a beaucoup d'eaux.
Il y a été, automne, printemps et hiver.
En hiver c'est froid et en été c'est chaud.

C'est beau jour et nuit
Plus beau quand les étoiles brillent.
Il y a des caribous, des ours polaires, des castors, chevreuil, et les hiboux.
Le Hockey est notre sport préféré
Au Canada les gens sont gentils.

Jaslyn Barton 4ᵉ année

Le Canada est un pays des grands princes

Le Canada est un pays des grands princes,
il y a beaucoup de provinces
L`ours polaire, le castor,
le caribou, le bluenose
le huard et les feuilles d'érable sont des symboles du Canada.
Le Hockey représente aussi le Canada.

Cameron Rogers 4ᵉ année

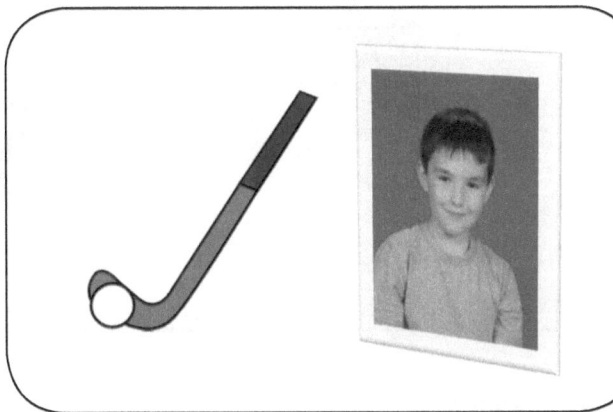

École élémentaire
Pavillon de la jeunesse

Le Canada est beau

Le Canada est beau
comme la feuille d'érable
Et le castor qui fait sa belle
maison de bois avec ses grosses dents
Les gens viennent s'y établir pour les richesses, les forêts.
Quand je regarde l'orignal,
Je pense aux branches des arbres.

Ruben Kalonji 4ᵉ année

Au Canada

Au canada il y a
de la neige
des personnes,
des feuilles d`érable,
et des ours,

Au pays du Canada,
J`aime manger la banane
et des ananas
et j`aime jouer avec de balles de neige

Au canada, il y a
Des orignaux
Parce qu'on est original
Parce qu'on joue au ballon

Au pays du Canada,
Il y a des lapins
Qui mangent du gratin
Et qui sont aussi malins

Solange Sendegeya 5e année

École élémentaire
Pavillon de la jeunesse

Territoires du Nord-Ouest

Les francophones de là-bas
S'appellent tous des Franco-Ténois
Et c'est un des trois super grands territoires au Canada.

Tous leurs gros pins gris
Me fait tellement sourire
Et à minuit
C'est très, très joli!

Ils vivent très proches du pôle Nord
alors ça doit être vraiment froid dehors
Comme s'il y avait un sort
Sur ce grand et beau territoire.

Les belles chutes Alexander
Sont beaucoup plus beaux qu'une mer
Et quand je regarde très haut dans les airs
Les oiseaux
Sont tellement beaux
Par ce qu'ils sont des faucons gerfaut!

Charlotte Piper, 4ᵉ année

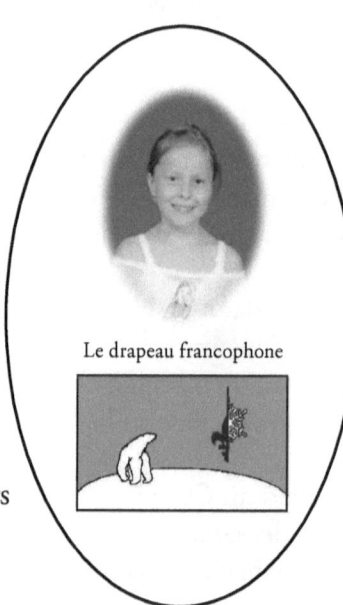

Le drapeau francophone

Le poème de Nunavut

Au Nunavut
Le bleu représente le ciel arctique
Le blanc représente la neige
Bien sûr l'insu symbolise la présence
Humaine dans ce vaste territoire
Au Nunavut
J'aime tes animaux comme l'ours polaire.
Le chien insu et le phoque qui sont là en hiver
Au Nunavut
La fleur de saxifrage à feuilles opposées
Qui représente ton territoire qui est beau

Au Nunavut
Les richesses de la terre de la mer et du ciel.
Quand je vois Nunavut je me sens heureuse

Par: Angel et Solange

École élémentaire
Pavillon de la jeunesse

Alberta

Province embellie par la rose aciculaire
Terre du Pin tordu
Espace de l'œuf de Pâques ukrainien
Comme ta capitale Edmonton l`indique

Tu montes en grandeur et ton animal
le grand-duc d'Amérique est le témoin de
ton si grand vol économique.

Liliane Masengo Mwamba Kabamba, EAO
Enseignante

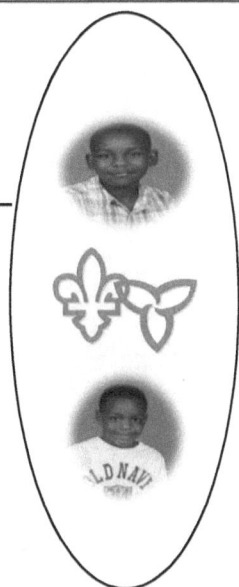

L'Ontario

Le drapeau de l'Ontario est si beau.
L'Ontario c'est très proche de l' eau.
La capitale de l'Ontario est Toronto.
Les personnes viennent à Toronto.

L' arbre de l' Ontario c' est le pin blanc.
Les fleurs de l' Ontario sont la fleur de lys
et le trille blanc.

Les langues parlées en Ontario sont le français et l'English.
En Ontario le huard est un symbole que l'on retrouve sur un dollar.
En Ontario, il y a les cinq grands lacs.
Sur le drapeau franco Ontario il y a 2 symboles.
Les couleurs du drapeau des francophones sont le vert et le blanc. Vive l'Ontario.

Taha et Ruben et Olivier

École élémentaire
Pavillon de la jeunesse

La Colombie—Britannique

Colombie- britannique est une belle place pour vivre. Sa capitale est victoria, les forêts sont vraiment naturelles et très belles, avec le Cournouiller de nutall la fleur de la Colombie-Britannique. L`arbre de la Colombie- Britannique est le cèdre de l`ouest.

L`animal de la Colombie- Britannique est le geai de steller c`est un bel oiseau qui est bleu noir et blanc qui vit jusqu`a 93 ans. Le geai de steller chante tellement que c'est le réveil de la Colombie—Britannique.

Le totémique est placé à l`extérieur de nombreux logis d`autochtones de la région du littoral et il comporte des symboles qui représentent les groupes qui vivent Là.

Dorcas et Peace

Le cornouiller de

Nuttal

École élémentaire
Pavillon de la jeunesse

Île du Prince Edouard

Île du Prince Édouard, ta beauté se révèle par la présence de tes

richesses naturelles. Ton bel oiseau, le Geai bleu ainsi que ta belle fleur, le Sabot de la vierge témoignent de ta candeur.

Ta terre soutient ton gigantesque arbre le Chêne rouge.

Île du Prince Édouard, tu es un prince.
Ta capitale porte le prénom de Charlottetown.

Liliane Masengo Mwamba Kabamba, EAO

École élémentaire
Pavillon de la jeunesse

www.ingramcontent.com/pod-product-compliance
Lightning Source LLC
Chambersburg PA
CBHW030519290526
45786CB00004B/1535